HISTOIRE ABRÉGÉE

DE

SAINT JEAN - FRANÇOIS RÉGIS

OU

GUIDE DU PÈLERIN A LA LOUVESC

ET A LA CHAPELLE DU BIENHEUREUX

LYON

CHEZ L'AUTEUR, COURS DE BROSSES, No 2

Au Premier

HISTOIRE ABRÉGÉE

DE

SAINT JEAN - FRANÇOIS RÉGIS

OU

GUIDE DU PÈLERIN A LA LOUVESO

ET A LA CHAPELLE DU BIENHEUREUX

———

I

La foi, ce pur reflet de la lumière absolue, dirige l'homme, à travers l'obscurité de cette vie, vers les régions lointaines de l'infini; elle ne l'éclaire sur le temps que dans ses rapports avec l'éternité; elle ne lui montre l'existence d'ici bas que comme une initiation à la vie future, et soulève un peu le voile qui le sépare du monde invisible pour faire briller à ses regards les ineffables beautés des cieux. Voilà pourquoi elle donne à l'âme tant d'élévation et de grandeur et la tient toujours prête à sacrifier la vie présente à ses espérances immortelles.

Voyez prier un de ces jeunes enfants auxquels une mère pieuse a appris à murmurer quelques mots à ce

Père qu'il n'a point vu, mais qu'il aime déjà d'un amou
vraiment filial. Une gravité pleine de douceur règne su
son front; dans son regard se peint la confiance la plu
entière en la bonté de celui qu'il invoque: son visag
respire la candeur, et de ses lèvres s'échappent de
paroles pleines d'amour. C'est ainsi qu'inspirée par l
foi, l'âme de l'enfant produit déjà l'acte le plus sublim
que puisse produire l'homme en ce monde! celui d'aime
et d'adorer l'invisible, l'absolu, l'éternel.

Telles sont les pensées et les réflexions qui doiven
s'emparer du pèlerin de la Louvesc, en visitant le tom
beau de saint François Régis; de cet apôtre de Jésus
Christ, qui fut si grand devant Dieu par son humilit
profonde et par son zèle ardent pour la propagation d
la foi chrétienne. Modèle parfait d'abnégation et de cha
rité il ne s'occupait qu'a chercher des afflictions à consoler, des infortunes à secourir. Infatiguable ouvrier de
la vigne du Seigneur, il ne donna jamais un seul instan
de trève à ses travaux apostoliques; comme le solda
sur la brèche, il mourut en annonçant la parole du divin
maître, et en recevant la confession des pénitents don
les exhortations avaient touché les cœurs.

Pour apprécier comme elle mérite de l'être, cette vie
si courte, mais si dignement remplie, suivons saint
François Régis depuis sa naissance jusqu'au jour où il
alla recevoir au Ciel la récompense de ses vertus.

Issu d'une famile noble, et sincèrement attachée à la
religion catholique, JEAN-FRANÇOIS RÉGIS, naquit à
Font-Couverte, bourgade du Languedoc, et dépendante
du diocèse de Narbonne. Sa mère femme d'une piété
exemplaire, s'appliqua à lui inspirer, dès sa plus tendre
enfance, l'amour de Dieu et la crainte du péché. Aussi,

tout jeune encore, il apporta le plus vif empressement à remplir ses devoirs religieux, et montra de très-bonne heure, une modestie et une maturité de raison surprenante chez un enfant, et qui auraient même été remarquables chez une personne d'un âge avancé.

Dans le collége des Jésuites de Béziers, où il fut placé pour faire ses études, le jeunes Régis se distingua par ses progrès, mais p'us encore par la ferveur de sa piété. Une congrégation en l'honneur de la Vierge-Marie existait dans la maison. Régis qui dès sa première enfance, avait voué un culte d'amour à la divine Mère du Sauveur, se fit admettre parmi les congréganistes; à partir de ce moment, il redoubla de zèle religieux.

Dieu, qui soumet parfois ses élus à des épreuves, pour leur fournir occasion de rendre léur vertu plus manifeste, permit que, vers sa 18e année, Régis fut atteint d'une maladie dangereuse qui le conduisit en quelques jours aux portes du tombeau. Déjà la science humaine avait perdu l'espoir de l'arracher à la mort; son état semblait désespéré; tout-à-coup, une crise favorable se déclare, un mieux sensible se prononce, et bientôt le malade entre en pleine convalescence. Mais cette guérison presque miraculeuse fortifia en lui le désir qu'il avait déjà de se vouer exclusivement au service de Dieu. Présument avec raison, qu'il trouverait en entrant dans la Compagnie de Jésus, le moyen de satisfaire son zèle pour la conquête des âmes et son ardeur pour l'apostolat, il soumit son projet à son confesseur, et, sur l'aprobation qu'il en reçut, il demanda avec instance son admission qui lui fut accordée promptement.

Le noviciat ne lui offrit pas ces difficultés qui deviennent souvent des écueils pour ceux dont la vocation n'est

que faiblement décidée. Celle de Régis était trop forte
pour ne pas surmonter tous les obstacles. Voyez-le se
livrer en même temps à l'étude de la philosophie, au
collége de Tournon et à la prédication dans les villages
voisins. Si nous le suivons à Billom, à Auch, au Puy et
dans plusieurs autres villes où il enseigna successivement,
nous le trouverons apportant ses soins non-seulement
aux progrès de ses elèves dans les sciences et les lettres,
mais surtout à les conduire dans les voies de la sagesse
et de la vertu, par ses leçons et par son exemple. Puis
lorsqu'il eut reçu l'ordination, lorsque devenu prêtre, il
se consacra à la rude tâche du missionnaire, son zèle
sembla redoubler encore. Dans les villes et dans les campagnes, il lutta par de persévérants efforts contre les
tendances à l'hérésie, comme aussi contre le relâche-
ment des mœurs. De Montpellier, où il débuta en 1631,
dans la carrière du missionnaire, où ses prédications
avaient eu d'heureux fruits, et où il institua une société de
secours en faveur des prisonniers, il se rendit à Som-
mières, où ses succès ne furent pas moins brillants.
Quoiqu'il généralisât ses prédications, et les adressât aux
classes riches comme aux artisans, ces derniers étaient,
avec les enfants, l'objet de ses soins les plus assidus.
Fidèle aux enseignements et à l'exemple du divin Maître,
il entourait les pauvres d'une prédilection particulière,
et, pour les secourir, il oublia souvent ses propres besoins. Ses travaux, ses veilles, ses fatigues, ne lui pa-
raissaient pas suffisant de se dispenser des jeûnes et des
mortifications. Du lait, du pain, des légumes cuits à l'eau
sans autre assaisonnement, voilà de quoi se composait
sa nourriture. Plus d'une fois, il passa des journées en-
tières sans prendre de repas. Il couchait sur le sol nu ou

sur quelques planches, et son sommeil ne se prolongeait jamais au-delà de deux ou trois heures. Et tandis qu'il se réduisait à cette vie d'anacho ète, de jour en jour sa réputation grandissait. On accourait de toutes parts à ses prédications : quantité de fidèles se mettaient en route et faisaient plusieurs lieues à travers des forêts et des montagnes couvertes de neiges, soit pour venir entendre l'homme de Dieu, soit pour lui confesser leurs péchés au tribunal de pénitence. C'est ce qui arriva plusieurs fois pendant ses missions dans le Vivarais, qu'il commença en l'anné 1635. Au Chaylard, il eut le bonheur et la gloire de ramener dans le giron de l'église catholique, un très-grand nombre de personnes, comme aussi de raffermir les croyances chancelantes de quantité d'individus qui avaient cessé de pratiquer la religion à laquelle ils appartenaient encore de fait. Mais ni la vénération dont on l'entourait, ni les heureux résultats obtenus par son éloquence persuasive, ne lui inspirèrent le plus léger sentiment d'orgueil, il conserva toujours cet esprit d'humilité qui caractérise le vrai serviteur de Dieu. Aucun obstacle n'était capable de l'arrêter dans ses excursions incessantes à travers les campagnes ; on le voyait bravant les intempéries des saisons, parcourir des distances considérables, et se frayer un chemin périlleux au milieux des neiges, des glaces et des précipices. Il y aurait trouvé la mort, si l'œil de Dieu n'eût veillé sur lui ; de même qu'il aurait mille fois succombé ous le lourd fardeau de ses travaux apostoliques, si le bras du Tout-Puissant ne lui eut prêté son secours.

Régis avait demandé plusieurs fois à ses supérieurs qu'on l'envoyât comme missionnaire au Canada ; ses nstances furent toujours vaines. Forcé de renoncer à cueillir dans une contrée lointaine, cette palme du martyre qui était l'objet de son ambition, il chercha un dédommagement à ses espérances déçues, en reprenant ses missions pénibles dans plusieurs provinces, notamment dans le Velay. La ville du Puy, où il habitait d'ordinaire, lui fournit maintes occasions de déployer son zèle infatiguable: il parvint, non sans peine, à y réformer les mœurs et à y ranimer les étincelles de la foi. Toujours prêt à accueillir tous ceux qui réclamaient son ministère, il témoignait néanmoins, aux pauvres une préférence marquée; ils eurent constamment la première place dans son cœur. Chaque jour il les visitait soit dans leurs demeures, soit dans les hospices, soit dans les prisons. Il réunissait trois fois par semaine tous les indigents de la ville du Puy, leur faisait l'instruction; on récitait ensuite la prière en commun, puis, avant de les congédier, le saint homme leur distribuait des vivres ou de l'argent.

Visiter les malades, consoler et assister les mourants, était de toutes les bonnes œuvres qui se partageaient sa solicitude, celle qu'il pratiquait avec le plus vif empressement. Il disait à ce sujet que le bien que l'on fait aux mourants ne court plus de risques, ni de l'inconstance humaine, ni des artifices et des embûches du démon; car il fixe pour toujours l'état du chrétien. Sa patience et sa douceur pouvaient tout supporter; une seule chose le faisait sortir de sa placidité ordinaire; c'était d'entendre proférer des blasphèmes et outrager le saint nom de Dieu. Il lui arriva souvent de menacer ceux qui commettaient ces actes coupables; il frappa même un jour, dans l'emportement de son zèle et dans le transport d'une sainte indignation, un blasphémateur que ses menaces n'avaient pu réussir à intimider. Si cette action outre-passait les bornes de la prudence et de la modération, elle eut pourtant un heureux résultat. L'homme qu'il avait frappé, tomba à ses genoux, en lui demandant son secours pour se corriger et ne plus blasphémer à l'avenir.

Régis ne se contentait pas de déployer l'ardeur de son zèle pour prévenir le désordre et ses suites funestes; il s'adressait au besoin aux autorités pour en obtenir la répression. Un magistrat, retenu par des motifs purement humains, se refusa de faire droit aux instances du saint homme. Ce dernier, indigné de voir compter pour rien l'offense commise envers Dieu, reprocha au magistrat la lâcheté de sa conduite; il lui prédit, du ton de l'inspiration qu'avant la fin de l'année, Dieu serait vengé.

Cette prédiction s'accomplit dans le délai que Régis avait indiqué. On pourrait citer une foule de circonstances dans lesquelles l'intercession du pieux missionnaire obtint de miraculeuses guérisons et d'autres faveurs signalées, qui prouvaient que Dieu agréait le zèle et le mérite de son serviteur. Dans la paroisse de Fay, du diocèse du Puy, on lui présenta un enfant de quatorze ans, qui, depuis plusieurs mois, avait perdu la vue. Régis se mit en prière, y fit mettre les gens de la maison et avant que la fervente oraison fût terminée, l'enfant n'était plus aveugle. Le Seigneur avait accueilli les vœux et la prière qui montaient vers lui sur les ailes de la foi!

Cette mission fut l'une des plus pénibles et des plus glorieuses de toutes celle qui signalèrent la carrière apostolique de Régis. La petite ville de Montfaucon, où la peste exerçait de cruels ravages, en 1640, vit éclater son zèle pour les malheureux atteints du fléau. Le curé de cette paroisse, craignant qu'il ne fût victime de son dévouement, lui fit donner ordre de quitter la ville; il n'obéit qu'à regret. Mais le moment approchait où l'apôtre allait être enlevé à cette terre. Le 22 décembre 1640, il partit du Puy pour se rendre à la Louvesc; il avait le pressentiment de sa mort prochaine; aussi régla-t-il, avant de se mettre en route, toutes ses affaires spirituelles et temporelles, notamment celles qui avaient rapport aux indigents, ses protégés et ses amis de prédilections. On essaya vainement de le dissuader de ce voyage, on le sollicita de le différer de quelques jours, en lui représentant que la saison était mauvaise. Toutes représentations furent inutiles, le zèle parlait trop haut pour ne pas le rendre sourd à toutes les objections. Il partit donc, mais égaré dans les bois, il ne put arriver jusqu'à Veyrines; ses forces ne lui permettant pas d'aller plus loin, il passa la nuit dans une maison déserte. Au dehors le vent soufflait avec violence et pénétrait de tous côtés dans cette masure en ruines. Trempé de sueur lorsqu'il y arriva, il fut saisi par le froid, d'autant plus qu'il dormit sur la terre nue; il s'en suivit une pleurésie et une fièvre très-forte; cependant, il n'écouta que son ardeur; le lendemain, à la Louvesc, il ouvrit la mission, et quoique sa faiblesse fut grande, il passa plusieurs jours et plusieurs nuits de suite à prêcher et confesser, sans s'accorder un instant de trève et de repos. Enfin, il succomba à tant de fatigue; pris de défaillance, à deux reprises, il fut forcé de s'aliter. Dans la journée du lendemain, il se confessa, puis on lui apporta le saintviatique; immédiatement après, il reçut l'extrême Onction.

Depuis le moment où il se mit au lit, jusqu'à celui où il exhala le dernier soupir, Régis ne cessa de tenir à la main un crucifix, qu'il portait de temps en temps à ses lèvres. La contemplation de l'image du divin Sauveur lui faisait supporter patiemment les souffrances auxquelles il étaient proie. Le 31 décembre, vers minuit, on l'entendit recommander son âme à Jésus-Christ; ce furent ses dernières paroles, il expira bientôt après. C'était le dernier jour et le dernier moment de l'année 1640. Régis étant né en 1597, avait donc 43 ans lorsqu'il mourut.

Aussitôt que la nouvelle de son trépas se fut répandue dans les montagnes voisine de la Lonvese, une foule immense accourut de toutes parts, empressée de venir s'agenouiller auprès des restes du saint apôtre. Les funérailles furent célébrées le 2 janvier 1641 : vingt-deux curés y assistèrent. Une multitude innombrable suivait le convoi et, par son attitude triste et pieuse, rendait à celui qui depuis longtemps avait reçu le nom de *saint*, le plus solennel hommage, et lui payait le plus magnifique tribut d'éloges que la vénération puisse inspirer.

Le corps fut inhumé dans l'église de la Louvese, à la grande satisfaction des habitants, qui sachant apprécier le trésor dont ils allaient être dépositaires, prirent toutes sortes de précautions pour empêcher qu'il leur fût ravi.

De son vivant, Régis avait reçu des populations qu'il édifiait le titre de *saint*. En 1716, le pape Clément XI le béatifia et Clément XII le canonisa en 1737 à la demand du roi Louis XV, du roi d'Espagne et de tous le clergé Français. Quelques années plus tard, on reconnut l'indispensable nécessité d'une église plus vaste et plus en harmonie avec le nombre toujours croissant des pèlerin que la dévotion à saint François Régis amenait constamment à la Louvesc. Les travaux de construction de la nouvelle église commencèrent en 1744 : ils furent achevés en 1770.

A l'époque de la terreur, les pèlerinages cessèrent; les reliques de saint François Régis furent soustraites à la profanation dont elles étaient menacées. D'honorables citoyens les enlevèrent nuitamment et les rapportèrent à la Louvesc après 1802. Enfin, en 1834, eut l'eu une belle et importante cérémonie; les reliques précieuses furent alors transférées dans une magnifique châsse, où el es sont renfermées depuis ce temps.

C'est aussi a dater de cette époque que le nombre des pèlerins s'est accru dans une proportion considérable. Les uns viennent demander a la puissante intercession du saint des grâces et des faveurs de toute sorte; les autres viennent remercier Dieu des grâces qui leur ont té accordées. C'est pour cela que le village de la Louvesc voit augmenter de jour en jour sa population et grandir sa prospérité. La dévotion au bienheureux François Régis. loin de se refroidir, tend au contraire à se propager de jour en jour.

II

Le culte des saints consacré et mis en honneur par l'Eglise, des les premiers temps du Christianisme. est particu'ièrement cher aux âmes pieuses, qui se plaisent à le pratiquer. Avant de participer à la gloire éternelle qu'ils ont conquise par la pureté de leur vie et par leurs travaux, les Saints ont appartenu à l'humanité. C'est en songeant à ce qu'ils furent et à ce qu'ils sont maintenant que le fidèle est porté à les honorer, et à les regarder comme des protecteurs auxquels il peut se recommander.

De même que le lys, la sainteté exhale autour d'elle

un arôme délicieux qui charme et qui attire les cœurs,
dire d'un homme qui a offert le type de la perfection,
qu'il est mort en odeur de sainteté, est une méta-
phore si naturelle, que pour rendre l'idée que l'on veut
exprimer, on ne saurait employer des termes plus heureux
et plus saisissants. Mais si les caractères distinctifs de
la sainteté, sont tellement sensibles et apparents qu'ils
frappent même les incrédules, elle a aussi certains si-
gnes particuliers qui ne peuvent être reconnus que par
les vrais croyants. Ceux-ci, en effet, voient les prières
des saints monter au ciel comme la vapeur de l'encens,
et redescendre sur la terre en bienfaisante rosée ; la
santé rendue aux malades ; les infirmités disparaître ; la
résignation entrer dans les cœurs éprouvés par de cruelles afflictions ; et tant d'autres précieuses faveurs répan-
dues sur ceux qui ont imploré, la puissante intercession
des bienheureux !

En présence des bienfaits que l'on doit à ces hommes
qui se sont fait remarquer ici-bas comme de véritables
vases d'élection, peut-on s'étonner que, lorsqu'ils ont
disparu de ce bas monde, la vénération s'attache à tout
ce qui retrace à l'imagination quelques particularités de
leur existence. Ainsi les lieux où ils naquirent, ceux
qu'ils habitaient, ceux où ils séjournèrent, les meubles,
les objets qui leur appartinrent, ou que touchèrent leurs
mains, sont consacrés éternellement par la religion du
souvenir.

C'est pour cela que le village de la Louvesc qui a le
bonheur de posséder les reliques de saint François Régis,
est visité quotidiennement par une multitude de personnes
venues de tous côtés, quelques-unes même de très-loin.
Ce sont surtout les localités dépendantes des anciennes

provinces du Velay et du Vivarais, qui fournissent le plus grand nombre de pélerins ; car les populations de ces pays s'est fidèlement transmise de génération en génération, par la tradition orale, le souvenir de celui qui édifia toute la contrée par son zèle et par ses vertus.

Mais les montagnes de l'Auvergne, du Forez, le département du Rhône, et la partie méridionale du Dauphiné envoient aussi à la Louvesc un contingent considérable. Et de tant de visiteurs qui se succèdent chaque jour sans interruption, les uns viennent offrir l'*ex-voto* de la reconnaissance, pour des faveurs qu'ils ont obtenues grâce à l'intercession de saint Regis, les autres y sont amenés par l'espérance de voir exaucer les vœux qu'ils adressent au ciel, en se recommandant à la puissante protection de ce bienheureux. Quelques autres enfin, accomplissent ce pèlerinage, guidés seulement par la pieuse pensée de rendre un hommage légitime au grand saint que Dieu a comblé de gloire et d'honneur !

Les pélerins de la Louvesc se rendent tout d'abord à l'église paroissiale du village ; puis ils vont à la chapelle que l'on a construite sur le lieu même où François Régis exhala le dernier soupir. Cette chapelle située à une très-petite distance de l'église, occupe l'emplacement sur lequel on voyait jadis la maison curiale. Ce fut là que l'on transporta le P. Régis, lorsqu'il tomba en défaillance après avoir passé de longues heures dans le confessionnal exposé à l'âpreté d'un froid rigoureux. Là, pendant les six jours qui s'écoulèrent entre celui où il s'alita et celui où il mourut, il se vit entouré des soins les plus assidus. A la première nouvelle de la maladie du saint missionnaire et du peu d'espoir que l'on avait de conserver cette précieuse existence, des ecclésiastiques des paroisses voisines , des religieux de Tournon. de Privas et d'Annonay, s'étaient hatés de se rendre a la Louvesc. Là , le P. Régis couronna dignement une vie d'abnégation et de dévouement par la patience et la résignation qu'il montra dans ses souffrances. Là, il reçut le viatique et les derniers secours que l'Eglise accorde aux fidéles ; la, enfin, comme sa vie exemplaire , sa mort contribua puissamment à édifier les populations !

Pendant près de deux siècles , cette maison , appelée maison *Baudry*. garda le même aspect qu'elle offrait lorsque saint Régis y expira. Mais , depuis un certain nombre d'années, une pensée pieuse à laquelle on ne saurait trop applaudir, l'a transfo mée en une chapelle , où les restes mortels du bienheureux sont exposés aux regards des chrétiens qui viennent en foule s'agenouiller devant ces saintes reliques et offrir à ce zélé serviteur de Dieu le tribut de leur religieuse vénération.

A peu de distance du village, sur le chemin qui conduit à Veyrines, au pied d'une colline que couronnent de verdoyantes touffes de pins , on voit une fontaine , un bâtiment rustique et une croix de bois. La source porte la dénomination de *Fontaine de Saint-Régis*. On ignore le motif de cette appellation. Serait-ce parce que la source aurait jailli de terre à la parole du bienheureux ? L'aurait-il consacrée par quelque guérison surprenante , ou par sa bénédiction ? S'y serait-il désaltéré pendant ses excursions à travers ces montagnes ? Aucune de ces suppositions , également admissibles , ne s'appuie pourtant sur des données précises ; le champ reste donc libre à toutes les conjectures. Mais quelle que puisse être la cause de la dévotion que l'on a pour cette fontaine , ce qui est positif, c'est que la plus part des pélerins ne manquent pas de s'y rendre et de boire de l'eau de la source, avec la conviction que ses eaux possèdent de mystérieuses vertus curatives, par lesquelles , suivant leur croyance assez généralement répandue, le bienheureux manifesterait à ceux qui recourent à lui, l'efficacité de sa protection.

Quoi qu'il en soit, le respect que l'on a pour une source qui se rattache au souvenir de l'apôtre de la contrée, a fait naître l'idée d'enfermer cette même source dans un bâtiment construit *ad hoc ;* en vue de maintenir la fontaine qui porte le nom du saint, dans un état décent, convenable , et tel que l'exige l'usage auquel ses eaux sont affectées par la dévotion des pèlerins.

Tout auprès de ce bâtiment, on voit une croix de bois d'une assez grande élévation. Depuis que cette croix a été érigée en ce lieu, elle a fréquemment été renouvelée ; car, pour emporter dans leur demeure un souvenir de leur pélérinage à la Louvesc, presque tous les visiteurs emportent des morceaux de la croix , de sorte qu'après un certain nombre d'années, il devient nécessaire d'en substituer une nouvelle à l'ancienne dont il ne reste plus que des débris.

Les biographies que l'on a publiées sur saint Régis relatent une foule de miraculeuses guérissons obtenues par ses prières , en faveur de personnes atteintes de graves maladies ou de douloureuses infirmités. Bon nombre de gens ont été guéris également près du tombeau de ce bienheureux. Ces cures merveilleuses sont attestées par des attestations émanant de personnes dignes de foi ; quelques-unes ont été reconnues et admises pour la béatification et la canonisation du P. Régis.

Nous relaterons seulement ici quelques faits qui présentent des circonstances particulières :

Un jeune homme de la ville du Puys, nommé Pierre Lamit, attaqué d'une pleurésie, et déjà abandonné par les médecins, fut guéri complètement quelques heures après avoir fait vœu de se rendre en pèlerinage au tombeau de saint François-Régis. Cette cure subite est véritablement merveilleuse, et constatée par un écrit authentique signé de Jacques Lamit, père du jeune homme qui obtint sa guérison

Un enfant de trois ans nommé Laurent Petit, dont les parents habitaient le village de Marlie, était depuis trois mois atteint d'une fièvre très-violente, son père fit vœu de le conduire au tombeau de saint Régis, s'il se rétablissait la fièvre disparut. Mais, trois mois plus tard, il retomba malade, et bientôt son état fut désespéré. Alors le père se souvint qu'il avait négligé de réaliser son vœu : il le renouvela immédiatement, en demandant pardon à Dieu de son coupable oubli. Bientôt après tout danger s'évanouit, et la guérison complète de l'enfant ne se fit pas longtemps attendre.

Un lieutenant de juge de la province du Velay, nommé Guillaume Le Moure avait depuis deux ans la vue tellement affaiblie, qu'il lui était difficile de distinguer les objets les plus rapprochés. Il se rendit à la Louvesc, avec l'intention de se présenter au tribunal de la pénitence. Mais la foule était si grande lorsqu'il entra dans l'église, et autour des confessionnaux, que dans la crainte d'attendre trop longtemps, il sortit du saint lieu. A peine en fut-il dehors, que sa cécité devint complète. De retour chez lui, il se prit à réfléchir sérieusement sur ce qui venait de lui arriver : il se dit que puisqu'il avait perdu entièrement la vue en ce lieu où d'autres l'avaient recouvrée. C'était un châtiment infligé à l'impatience qui l'avait entraîné. En conséquence, il fit un nouveau voyage cette fois, il se confessa, communia et à peine s'éloignait-il de la table sainte, qu'il y vit distinctement et discerna parfaitement les moindres objets. Ce fait se passa devant bon nombre de pèlerins qui tous joignirent leurs actions de grâces à ceux que Guillaume Le Moure prononça lui-même avec ferveur. Ce magistrat ne parlait jamais qu'avec attendrissement de sa guérison miraculeuse et dans plus d'une occasion, il raconta le bienfait qu'il avait reçu de Dieu, par l'intercession de saint Régis.

Nous pourrions multiplier les citations ; mais il n'en est pas besoin, puisque nous avons pour attester les faveurs obtenues grâce à l'intercession du grand serviteur de Dieu, un témoignage irrécusable et d'une immense valeur. Nous voulons parler de la déclaration signée par vingt-deux prélats, archevêques et évêques du Languedoc, adressée par eux au pape Clément XI, dans les premières années du XVIII siècle, et conçue en ces termes « Nous soussignés, attestons que, devant le tombeau du P. Régis, les aveugles voient, les boiteux marchent, les sourds entendent, les muets parlent ; et que le bruit de ces étonnantes merveilles s'est répandu dans toutes les nations. » Depuis l'époque à laquelle remonte cette déclaration, on a vu se reproduire bien souvent devant le tombeau du bienheureux des faits analogues à ceux auxquels s'appliquait l'attestation délivrée par les prélats qui écrivaient ce que nous venons de transcrire.

Que de gens ont recouvré la santé, que d'autres se sont vus délivrés de leurs infirmités ou de longues et cruelles souffrances en venant se placer sous la protection de saint Régis ! Combien de fois l'apôtre du Velay n'a-t-il pas obtenu pour ceux qui recouraient à lui avec ferveur, soit la résignation aux peines et aux afflictions que le ciel nous envoie ; soit les grâces nécessaires pour pratiquer la vertu, et se préserver des écueils qui nous entourent à chaque pas !

Il n'y a donc pas lieu de s'étonner de cet immense concours d'étrangers que l'on voit affluer à la Louvesc. D'une part, en effet, les pèlerins sont guidés en ce lieu par une espérance que justifient des précédents sans nombre. D'autre part, il est fréquemment arrivé que certaines personnes qui avaient entrepris ce voyage sans autre but que d'y accompagner des parents ou des amis c'est-à-dire pour faire un simple acte de complaisance ; ont eu, en visitant le tombeau de Régis, leur vision de Damas comme l'apôtre saint Paul, et de l'indifférence sont arrivées à la foi. Et ce qui contribue à amener de tels résultats, c'est la facilité pour les pèlerins de puiser dans les trésors de l'Eglise. Outre les congrégations religieuses auxquelles ils peuvent s'affilier, notamment la confrérie du Sacré-Cœur de Jésus, ils trouveront à gagner des indulgences spéciales accordées par le pape Pie VII à tous les fidèles qui, après s'être approchés du tribunal de la pénitence et de la sainte table, visiteront l'église de la Louvesc et y feront des prières pour demander l'union entre les princes chrétiens et l'exaltation de notre sainte Mère l'Eglise. Le bref pontifical qui accorde à perpétuité lesdites indulgences, est daté de 1814 ; l'original en est conservé aux archives de la Louvesc. Enfin, il existe dans cette localité bon nombre d'établissements pieux où les fidèles trouvent tous les secours spirituels dont ils ont besoin.

Nous ne pouvions dans cet opuscule dont le cadre est si restreint, énumérer toutes les pérégrinations du P.

Régis à travers cette contrée où il signale son apostolat par tant de conversions et tant de victoires remportées sur l'hérésie et sur l'incrédulité. Partout, ses missions eurent de prodigieux succès notamment à Montfaucon, à Marcou, à Yssingeaux, à Saint-Bonnet-le-Froid, a Monistral, à Montregard et au Chambon. Nous n'avons pas non plus relate bon nombre d'épisodes intéressants de cette vie consacrée toute entière au service de Dieu. Mais nous croyons que notre tâche resterait incomplete, si nous négligions de mentionner quelques faits particulièrement remarquables, et qui méritent d'être signalés.

A l'époque où Régis professait les humanités — il les enseigna dans plusieurs villes — tous les élèves le chérissaient et le veneraient. De son côté, il leur prodiguait tous les soins et tous les secours qui étaient en son pouvoir. Lorsqu'il enseignait dans la ville du Puy, un de ses élèves, nommé Jacques Gigon, etant tombé dangereusement malade, il ne le quitta, tout le temps que dura la maladie, que lorsque ses devoirs le réclamait. Un jour que l'on en était arrivé à regarder l'état de ce jeune homme comme n'laissant plus d'espoir, et que toute sa famille était plongée dans la consternation, le P. Régis, profondément ému de cette affliction, s'approcha du lit fit le signe de la croix, prononça une fervente prière puis, du ton de l'inspiration, il dit au malade : « Mon fils, vous guérirez ; Dieu veut que désormais vous le serviez avec plus de ferveur. » A peine eut-il achevé de prononcer ces mots, que le malade éprouva un soulagement sensible ; à partir de ce moment, il alla de mieux en mieux, et bientôt il entra en voie de guérison. Ce même Jacques Gigon fut, plus tard, conseiller au Présidial de la ville du Puy.

Une jeune fille qui, par son travail, soutenait ses parents vieux et infirmes, tomba malade assez gravement et la misère ne tarda pas de fondre sur cette famille. Touché de l'extrême détresse où se trouvaient réduits ces pauvres gens, le P. Régis va voir la malade, se met en prière auprès de son lit, fait le signe de la croix, et ordonne à la jeune fille de se lever. Elle était guérie !!!

Parmi les conversions merveilleuses opérées par le saint missionnaire, en voici une qui présente des circonstances particulières. Trois jeunes gens de la ville du Puys où ils travaillaient alors, irrités de voir que ses exhortations et ses remontrances avaient réussi à inspirer de meilleurs sentiments et à ramener dans la bonne voie quelques-unes des femmes qui avaient partagé jusqu'alors les désordres de ces jeunes débauchés, formèrent le projet d'ôter la vie au P. Régis. Un soir, ils vont le demander au collège, où était son habitation. Le portier se rend auprès du Père, et l'informe de la visite qui lui survenait. Celui-ci répond : « Je sais ce que c'est ; ouvrez-leur la porte de l'église. » Un moment après, il se présente aux jeunes gens, et leur parle ainsi : « Je sais que vous êtes venus ici dans l'intention de me donner la mort. Je ne la redoute point ; au contraire, je l'appelle de tous mes vœux. Une seule chose m'afflige ; c'est l'état de damnation où vous êtes, et qui paraît si peu vous affecter. » Surpris, décontenancés, les jeunes gens ne trouvent rien à répondre. Alors les embrassant tous trois avec une affection toutepaternelle, Régis les exhorte vivement à se réconcilier avec Dieu. Tous trois, à l'instant même, avouent leur criminel dessein, confessent toutes leurs fautes passées, se convertissent, et depuis lors ils menèrent une vie édifiante.

Nous avons dit combien était grande sa charité; à quel point il portait l'abnégation et l'humilité. Jamais les succès de ses prédications et les résultats inespérés obtenus par son éloquence persuasive, ne lui inspirèrent de l'orgueil. Mais ce que l'on ne saurait trop louer dans cette charité active et incessante, dans cette humilité véritablement admirable, c'est que le saint homme ne se bornait pas à secourir le prochain; il ne reculait même pas devant les services qui sont les plus pénibles à rendre, au point de vue de l'amour propre et du respect humain.

Ainsi, on le vit un jour cheminer dans les rues de Montpellier, portant des bottes de paille destinées à un malade dénué de tout. C'était peu de les avoir mendiées pour ce pauvre homme; le P. Régis avait poussé la bonté jusqu'à les porter lui-même dans le réduit où languissait cet infortuné. Quelques personnes l'ayant rencontré s'étonnèrent de le voir chargé d'un tel fardeau: elles lui manifestèrent leur surprise, et lui représentèrent qu'en agissant ainsi, il risquait de se couvrir de ridicule aux yeux du monde, mais il leur répondit : « C'est gagner doublement, que de soulager ses frères au prix de sa propre humiliation. »

Il nous est resté à parler d'un fait récent : de la construction de la nouvelle église paroissiale de la Louvesc. Depuis fort longtemps, on avait reconnu que l'ancienne église n'était plus en rapport avec l'importance que donne à cette localité l'affluence considérable d'étrangers qui s'y pressent chaque jour. On avait conçu depuis bien des années, le projet de construire un édifice plus en harmonie avec les besoins du culte et aussi avec les exigences artistiques.

Il était réservé au zèle persévérant de deux hommes pieux et dévoués, de mettre cette pensée à exécution. Nous voulons parler de M. Pascalin, fondateur de cette œuvre, et de M. Contamin qui en poursuivit l'achèvement. Sans aborder les détails que pourrait comporter la vie de ces vénérables ecclésiastiques, nous dirons seulement que M. Pascalin, supérieur des Pères missionnaires qui desservent la Louvesc, s'étant proposé pour but de ses constants efforts, l'édification d'une nouvelle église, a déployé en vue d'atteindre ce résultat une activité surhumaine. Pour parvenir à réaliser les fonds nécessaires, M. Pascalin ne s'est point borné à organiser des quêtes, à prêcher fréquemment ; il a fait en outre de nombreux voyages ; et l'on peut même attribuer à ces excursions souvent réitérées qu'il entreprenait d'ailleurs sans tenir compte des saisons et sans se préoccuper du soin de sa santé, la maladie qui l'a conduit au tombeau. Cette supposition est même d'autant plus vraisemblable, que M. Pascalin était d'une constitution robuste, et qu'il est mort dans un âge peu avancé ; car il était dans sa 64ᵉ année, lors de son décès, arrivé le 15 mai 1866. M. Pascalin, n'a pas jouit de la satisfaction de voir terminée, l'œuvre à laquelle il avait consacré sa vie ; mais il a du moins, emporté dans la tombe les regrets de tous ceux qui l'avaient connu, et qui tous, rendaient hommage à son dévouement que l'on ne saurait trop louer.

Jaloux de poursuivre la tâche commencée par son prédécesseur, M. Contamin, qui succédait à M. Pascalin comme supérieur de la maison des Pères missionnaires, a fait, lui aussi, tout ce qu'il était possible pour améliorer les travaux de la nouvelle église. Si M. Pascalin avait aplani les voies et levé les principales difficultés, il est pourtant juste de reconnaître que M. Contamin mérite un tribut de légitimes éloges pour la part qu'il a prise à cette œuvre pieuse, et pour le zèle qu'il a déployé en vue d'en assurer le succès. Lui aussi a été prématurément enlevé à la communauté qu'il administrait avec tant de sagesse et de talent. Singulière coïncidence ! fatidique rapprochement de dates ! M. Contamin est mort le 15 mai 1867 ; c'est comme on le voit, un an, jour pour jour, après M. Pascalin.

Aujourd'hui les nombreux étrangers qui se rendent en pèlerinage à la Louvesc, peuvent admirer la nouvelle église, qui a été bâtie sur les dessins et sous la direction de M. Bosson. Cet édifice de style romain, avec son porche, sa magnifique obside et ses deux clochers en pyramide, ajoute un nouveau fleuron à 'a couronne artitistique de cet habile architecte. M. Bosson était déjà connu par de remarquables travaux, au nombre desquels on peut citer la belle flèche de l'église Saint-Georges, la nouvelle église d'Ars et la chapelle actuelle de Notre-Dame-de-Fourvrières.

Nous ne ferons pas la description de ce monument intéressant au point de vue architectorique. Outre que notre cadre restreint ne nous le permet pas, nous craindrions encore avec raison que notre incompétence nous empêchât de traiter convenablement un sujet semblable. Mais nous insisterons sur les louanges que mérite la sollicitude persévérante qui a triomphé de tant d'obstacles et obtenu un si beau résultat. Honneur aux hommes de courageuse initiative qui, ont doté la Louvesc de sa nouvelle église. Honneur à MM. Pascalin et Contamin, car c'est surtout à leur zèle infatigable, que l'on est redevable du succès d'une entreprise qui n'a pu être menée à bonne fin sans de sérieuses difficultés.

Nous avons dit plus haut que les fidèles trouvent à la Louvesc tous les secours spiruels dont ils ont besoin. Ajoutons que ce village, situé au milieu des montagnes et un peu éloigné des grands centres de populations, possède dans son sein bon nombre de pieuses fondations. On y trouve plusieurs communautés religieuses, dont l'utilité temporelle et spirituelle se fait de jour en jour apprécier davantage : entr'autres la maison des Pères missionnaires et celle des Dames-de-Saint-Régis. Il semble, en voyant tant de précieux établissements que le bienheureux qui jouit maintenant de la gloire éternelle, ait voulu que cette contrée où il répandit tend de bienfaits, vît se propager à tout jamais les fruits de ses travaux; que les habitants de ce pays s'inspirassent toujours de son esprit, et que son souvenir vénéré fît germer en ce lieu les bonnes œuvres, de même que la semence féconde prospère dans un fertil terrain!

LA VIE, LES TRAVAUX APOSTOLIQUE

ET LA MORT DU BIENHEUREUX

SAINT FRANÇOIS RÉGIS

Il finissait ce siècle, où levant ses bannières,
L'hérésie attaqua des dogmes séculaires ;
Où Luther et Calvin, coupables novateurs,
Ne trouvèrent que trop d'imprudents sectateurs ;
Où pour se préparer à ces luttes nouvelles,
Que suscitaient des fils devenus infidèles,
L'Église avait besoin de hardies défenseurs,
Comme jadis, au temps de ses persécuteurs !
Dans les jours affl geants pour les âmes chrétiennes,
Naquit François Régis, l apôtre des Cévennes ;
Dès l'enfance, il montra, par son humilité,
Son grand amour de Dieu, sa vive Charité.
Que le Ciel l'appelait à répandre en ce monde
Des saints enseignements la semence féconde.
Ce présage, Rég s ne le dément t pas ;
Partout l'esprit divin accompagna ses pas.
On le vit, jeune encore, plein d'un généreux zèle,
Vrai soldat de la Croix, à son drapeau fidéle,
Le premier sur la brèche, à toute heure, en tout lieu..

Eh! qui n'admirerait ce serviteur de Dieu,
Lorsque, dans son ardeur de conquêtes pieuses,
Nous le voyons, bravant les saisons rigoureuses,
Suivre, à travers les monts, ou pénible chemin,
Endurer la fatigue, et le froid, et la faim,
Pour aller, annonçant les paroles sacrées,
Chercher à ramener les brebis égarées,
Combattre l'hérésie et les mauvaises mœurs,
Et contre leurs dangers prémunir tous les cœurs!
Dirons-nous ses travaux, ses voyages, ses veilles,
Ses prédications opérant des merveilles?
D'rons-nous que, souvent, le pécheur endurci,
L'homme, qui du salut, ne prenait nul souci,
Converts à la voix de ce saint missionnaire,
De leurs égarements firent l'aveu sincère,
Si, pleins de repentir, abjurant leur erreur,
Marchèrent désormais aux sentiers du Seigneur.
Voyez-le, du malade, alléger la souffrance,
Au chevet du mourant apporter l'espérance;
Visiter, chaque jour, hospices et prisons,
Et rechercher, surtout les plus humbles maisons.
A l'exemple du Christ, ce fut pour l'indigence
Que se manifesta toujours sa préférence;
Du pauvre, qu'il aimait, prévenant les besoins,
Il mettait son bonheur à l'entourer de soins.
Mais en veillant sur tous, il s'oubliait lui-même,
Et partout l'ascétisme à sa limite extrême,
Restant parfois un jour sans faire un seul repas,
Même en ses missions, il ne s'exemptait pas
De jeûnes rigoureux, de sévère abstinence;
Fatigues, privations, voilà son existence!
A l'ardeur de son zèle et de son dévouement.

Il fallait à toute heure, un nouvel aliment.
Oh ! qu'il eût désiré s'éloigner de nos plages,
Pour évangéliser sur de lointains rivages,
Et confesseur du Christ, chez des peuples nouveaux,
Mourir dans les tourments pour prix de ses travaux !
Il l'espéra longtemps, mais jamais ses instances,
Ne purent de ses chefs vaincre les résistances.
Sur un autre hémisphère il n'ira point cueillir,
Sous le fer des bourreaux, la palme du martyr.
Il poursuivra sa tâche au sein de ces montagnes,
Instruisant dans la foi l'habitant des campagnes ;
Prodiguant les secours de son zèle pieux,
Aux moribonds atteints d'un mal contagieux ;
De tous les affligés visitant la demeure,
Et prêchant, confessant, sans relâche, à toute heure,
Des labeurs assidus qui remplissaient ses jours,
Le trépas devait seul interrompre le cours.
La souffrance ne peut abattre son courage.
Au milieu de l'hiver il se mit en voyage,
Dans les bois où ses pas au hasard l'ont conduit,
Après avoir erré pendant toute une nuit,
Il trouva pour asile une hutte déserte,
Masure délabrée, à tous les vents ouverte :
Là, sur le sol glacé qui lui tient lieu de lit,
Il cherche le repos, mais le froid le saisit...
Puis, le matin venu, malgré la fièvre ardente,
Qui le fait frissonner, rend sa marche pesante,
Sans songer que, la mort est déjà dans son sein,
Il part, tout occupé de son pieux dessein,
N'écoutant que l'ardeur qui le pousse et l'entraîne...
Enfin, à la Louvesc il arrive avec peine.
Qui ne l'admirerait, en le voyant alors,

Faible, mais redoublant d'énergiques efforts,
Sans prendre de repos courir au sanctuaire,
Aux fêtes de Noël monter six fois en chaire,
Et, lorsqu'il en descend, passer toute la nuit
A son confessionnal que la foule envahit.
Ne pouvant plus du mal dompter la violence,
Après trois jours de lutte, il tombe en défaillance...
Par la publique voix instruits qu'il va mourir,
Prêtres, religieux, se hâte d'accourir...
Régis touche, en effet, à son heure dernière...
A ce suprême instant, une étrange lumière
Lui montre tout-à-coup et Marie et Jésus
Venant le recevoir au séjour des élus.
A cette vision le mourant se ranime,
On lit dans son regard une extase sublime ;
Levant les yeux au Ciel, il dit avec ferveur :
« Je vous remets mon âme, ô mon divin Sauveur ! »
Puis, un dernier soupire termine sa prière.
Le voile de la mort s'étend sur sa paupière.
Vous, qu'il édifiait par ses rares vertus,
Répétez en pleurant : Hélas ! *le saint n'est plus !*

LA GLOIRE

DE

SAINT FRANÇOIS RÉGIS

Chant Religieux

Air :

I

Que vers les voûtes éternelles,
S'elève un hymne consacré,
Au grand Saint, de qui les fidèles
Bénissent le nom véné.é.
Pèlerins, qui vers ces montagnes,
Accourez de lointains pays,
Chrétiens des cités, des campagnes,
Chantez le bienheureux Régis !

Refrain

Régis ! nous gardons la mémoire
De tes vertus, de tes bienfaits ;
Et de rendre hommage à ta gloire
Nos voix ne cesseront jamais !

II

Le seul but de son existence
Etait d'aimer, de servir Dieu...
On le voya't, dans son enfance,
Constamment prier au saint lieu.
Dans le silence et la retraite
En méditant avec ardeur,
Il se prépara t, noble athlète,
A combattre pour le Seigneur.

Régis! nous gardons la mémoire, etc.

III

Lu', que le Ciel avait fait naître
De biens et de talents doté,
A l'exemple du divin Maître,
Il recherche la pauvreté.
Traitant l'indigent comme frére.
Toujours prompt à faire le bien,
Anachorète et missionnaire,
Il offre un modèle au chrétien.

Régis! nous gardons la mémoire, etc.

IV

De douleur ton âme est saisie,
Régis, alors qu'autour de toi
L'incrédulité, l'hérésie
Sapent les bases de la foi.
Portant la guerre en leur empire,
Poursuis ces monstres odieux...

Le zèle t'enflamme et t'inspire
Dieu te rendra victorieux !

Régis ! nous gardons la mémoire, etc.

V

Au chevet d'un lit de souffrance,
Qu'il passa de nuits et de jours !
Sa voix ramenait l'espérance ;
Sa main prodiguait des secours.
Chaque cité, chaque village,
Où l'appelaient ses missions,
Voyaient, tour à tour, son passage
Marqué par des conversions !

Régis ! nous gardons la mémoire, etc.

VI

GRAND SAINT, qui reçut en partage
L'éternelle félicité,
La foule viendra, d'âge en âge,
Près de ce tombeau respecté.
Sois le protecteur et le père
De ceux qui t'adressent leurs vœux ;
Propice aux enfants de la terre,
Au Ciel, intercède pour eux !

Régis ! nous gardons la mémoire
De tes vertus, de tes bienfaits ;
Et de rendre hommage à ta gloire
Nos voix ne cesseront jamais !

Chalon-sur-Saône, imp. L. LANDA.